Impressum
Verlag: BABADADA GmbH, Nedderfeld 112 , 22529 Hamburg
Geschäftsführer / Verlagsleitung: Harald Hof
Druck: Books on Demand GmbH, In de Tarpen 42, 22848 Norderstedt

Imprint
Publisher: BABADADA GmbH, Nedderfeld 112 , 22529 Hamburg, Germany
Managing Director / Publishing direction: Harald Hof
Print: Books on Demand GmbH, In de Tarpen 42, 22848 Norderstedt

l'école
skola

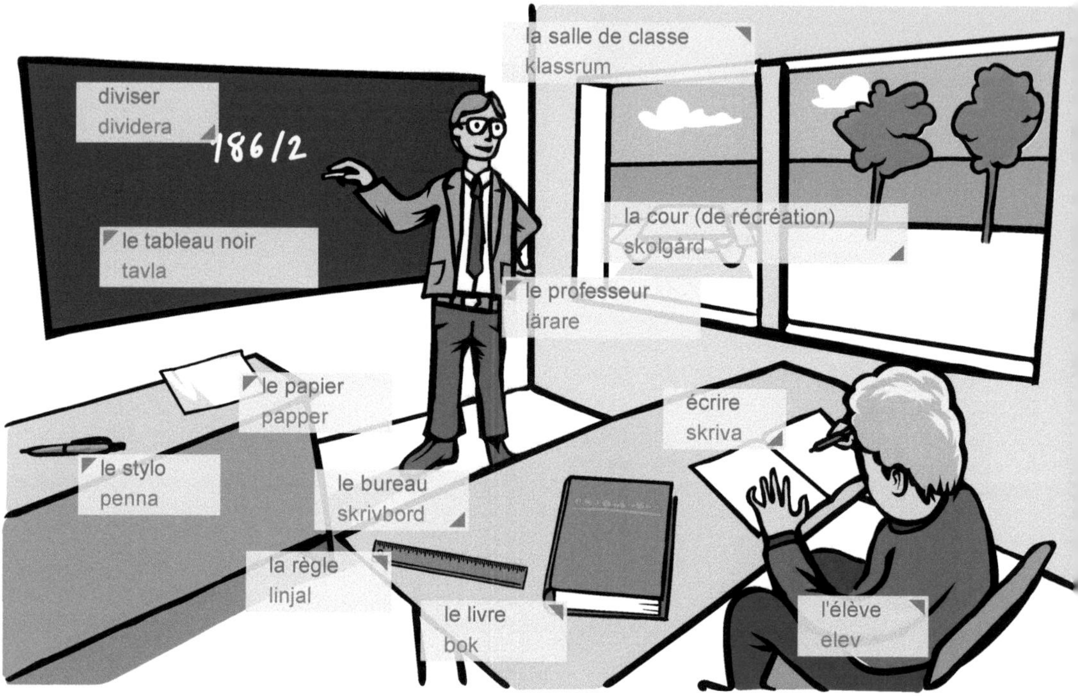
la salle de classe
klassrum
diviser
dividera
186/2
le tableau noir
tavla
la cour (de récréation)
skolgård
le professeur
lärare
le papier
papper
écrire
skriva
le stylo
penna
le bureau
skrivbord
la règle
linjal
le livre
bok
l'élève
elev

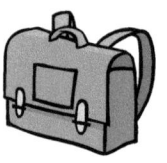

le cartable

skolväska

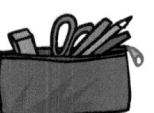

la trousse

pennfodral

le crayon

blyertspenna

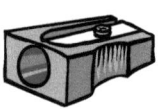

le taille-crayon

pennvässare

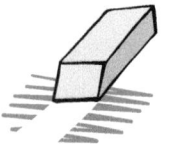

la gomme

suddgummi

le carnet à dessin

ritblock

le dessin
....
teckning

le pinceau
....
pensel

la boîte de peinture
....
målarláda

les ciseaux
....
sax

la colle
....
lim

le cahier d'exercices
....
övningsbok

les devoirs
....
hemläxa

le chiffre
....
tal

additionner
....
addera

soustraire
....
subtrahera

multiplier
....
multiplicera

calculer
....
räkna

la lettre
....
bokstav

l'alphabet
....
alfabet

le mot
....
ord

le texte

text

lire

läsa

la craie

krita

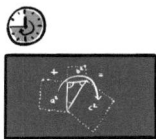

la leçon

lektion

le livre de classe

register

l'examen

prov

le certificat

intyg

l'uniforme scolaire

skoluniform

la formation

utbildning

le lexique

uppslagsverk

l'université

universitet

le microscope

mikroskop

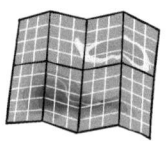

la carte

karta

la corbeille à papier

papperskorg

le voyage
resa

l'hôtel
hotell
Grand
l'auberge
vandrarhem
ROOMS
le bureau de change
växelkontor
CHANGE
la valise
resväska
la voiture
bil

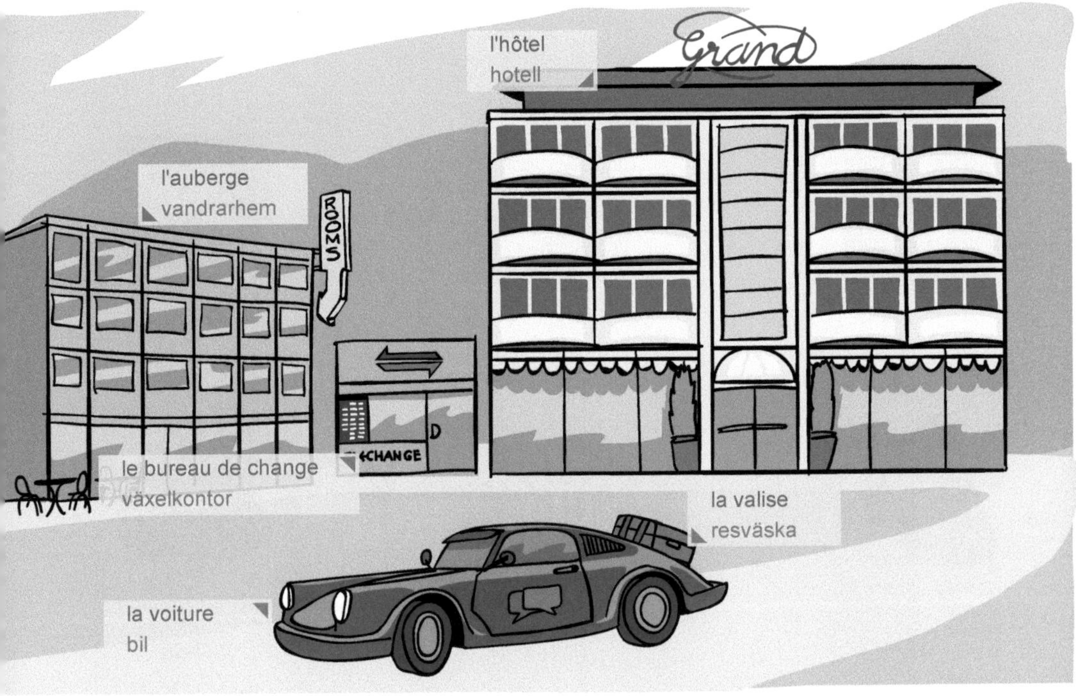

la langue

språk

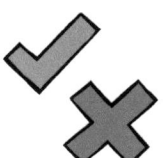

oui / non

ja / nej

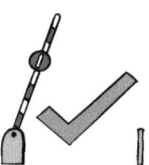

d'accord

Okay

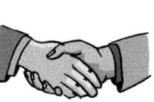

Salut

hej

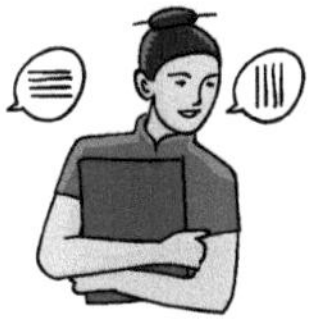

l'interprète

översättare

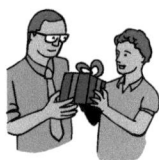

merci

Tack

Combien coûte...?

hur mycket kostar...?

Je ne comprends pas

jag förstår inte

le problème

problem

Bonsoir !

God kväll!

Bonjour !

God morgon!

Bonne nuit !

God natt!

Au revoir

hejdå

la direction

riktning

les bagages

bagage

le sac

väska

le sac-à-dos

ryggsäck

l'hôte

gäst

la pièce

rum

le sac de couchage

sovsäck

la tente

tält

l'office de tourisme

turistinformation

la plage

strand

la carte de crédit

kreditkort

le petit-déjeuner

frukost

le déjeuner

lunch

le dîner

middag

le billet

biljett

l'ascenseur

hiss

le timbre

frimärke

la frontière

gräns

la douane

tull

l'ambassade

ambassad

le visa

visum

le passeport

pass

le transport
transport

l'avion
flygplan

le navire
fartyg

le véhicule de pompiers
brandbil

le camion
lastbil

le bus
buss

bateau à moteur
otorbåt

la voiture
bil

la bicyclette
cykel

le ferry

färja

la barque

båt

la moto

motorcykel

la voiture de police

polisbil

la voiture de course

racerbil

la voiture de location

hyrbil

l'auto-partage

bilpool

la voiture de remorquage

bärgningsbil

la benne à ordures

sopbil

le moteur

motor

l'essence

bränsle

la station d'essence

bensinstation

le panneau indicateur

vägmärke

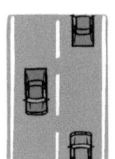

le trafic

trafik

l'embouteillage

bilkö

le parking

parkeringsplats

la gare

tågstation

les rails

räls

le train

tåg

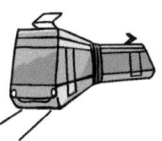

le tramway

spårvagn

le wagon

vagn

l'hélicoptère

helikopter

l'aéroport

flygplats

la tour

torn

le passager

passagerare

le conteneur

container

le carton

kartong

le chariot

vagn

la corbeille

korg

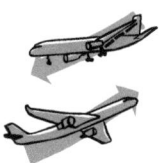

décoller / atterrir

starta / landa

la ville

stad

le village

by

le centre-ville

centrum

la maison

hus

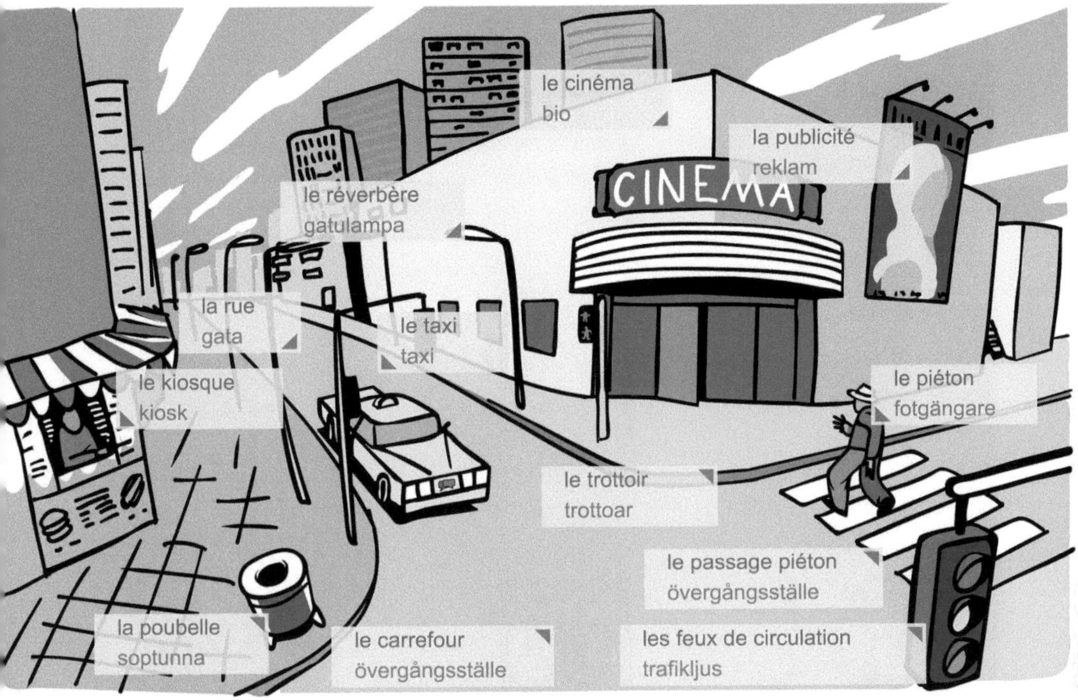

le cinéma
bio

la publicité
reklam

le réverbère
gatulampa

CINEMA

la rue
gata

le taxi
taxi

le piéton
fotgängare

le kiosque
kiosk

le trottoir
trottoar

le passage piéton
övergångsställe

la poubelle
soptunna

le carrefour
övergångsställe

les feux de circulation
trafikljus

la cabane

stuga

l'appartement

lägenhet

la gare

tågstation

la mairie

stadshus

le musée

museum

l'école

skola

l'université

universitet

la banque

bank

l'hôpital

sjukhus

l'hôtel

hotell

la pharmacie

apotek

le bureau

kontor

la librairie

bokhandel

le magasin

affär

le fleuriste

blomsterbutik

le supermarché

stormarknad

le marché

marknad

le grand magasin

varuhus

la poissonnerie

fiskhandlare

le centre commercial

köpcentrum

le port

hamn

le parc

park

la banque

bänk

le pont

brygga

les escaliers

trappa

le métro

tunnelbana

le tunnel

tunnel

l'arrêt de bus

busshållplats

le bar

bar

le restaurant

restaurang

la boîte à lettres

brevlåda

le panneau indicateur

gatuskylt

le parcmètre

parkeringsautomat

le zoo

zoo

le réverbère

simbassäng

la mosquée

moské

la ferme
bondgård

la pollution
förorening

la cimetière
kyrkogård

l'église
kyrka

l'aire de jeux
lekplats

le temple
tempel

le paysage
landskap

la feuille
löv

le panneau indicateur
vägskylt

le chemin
väg

le pré
äng

la pierre
sten

le randonneur
liftare

l'arbre
träd

la rivière
flod

l'herbe
gräs

la fleur
blomma

la vallée

dal

la montagne

kulle

le lac

sjö

la forêt

skog

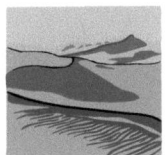

le désert

öken

le volcan

vulkan

le château

slott

l'arc-en-ciel

regnbåge

le champignon

svamp

le palmier

palm

le moustique

mygga

la mouche

fluga

les fourmis

myra

l'abeille

bi

l'araignée

spindel

le paysage - landskap

le coléoptère

skalbagge

la grenouille

groda

l'écureuil

ekorre

le hérisson

igelkott

le lièvre

hare

la chouette

uggla

l'oiseau

fågel

le cygne

svan

le sanglier

vildsvin

le cerf

rådjur

l'élan

älg

le barrage

damm

l'éolienne

vindkraftverk

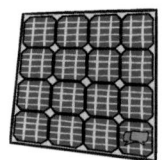

le panneau solaire

solcellspanel

le climat

klimat

le restaurant
restaurang

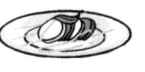

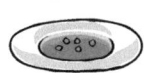

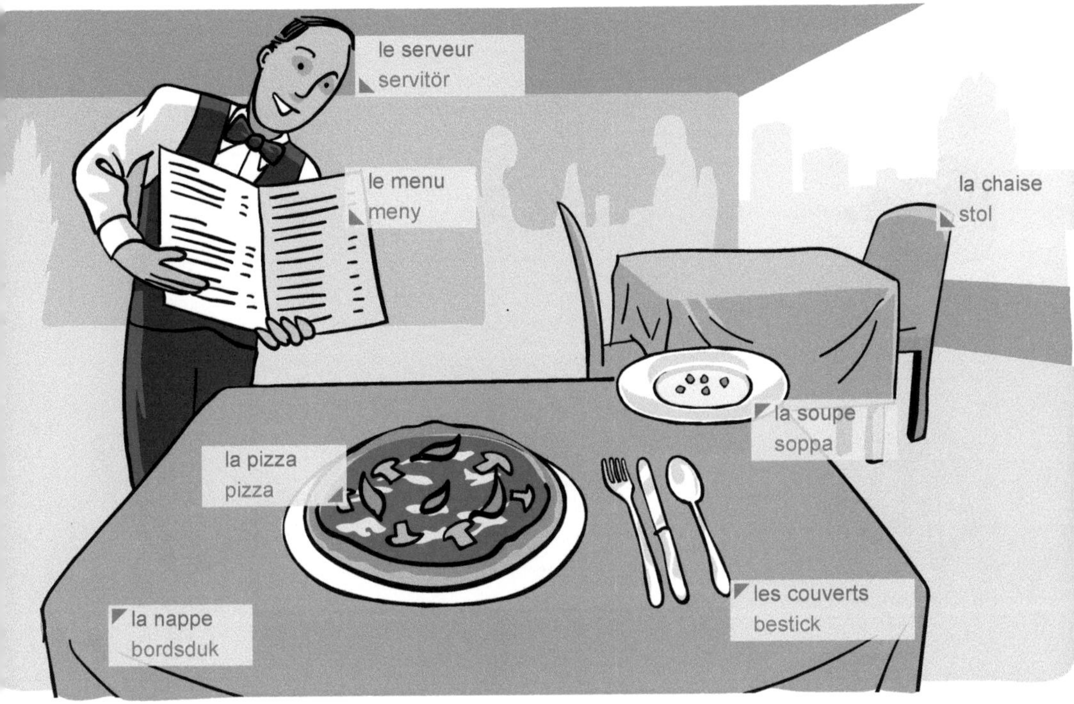
le serveur
servitör
le menu
meny
la chaise
stol
la soupe
soppa
la pizza
pizza
les couverts
bestick
la nappe
bordsduk

les hors d'œuvre

förrätt

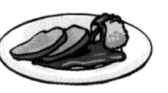

le plat principal

huvudrätt

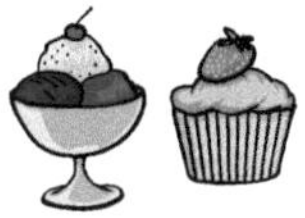

le dessert

dessert

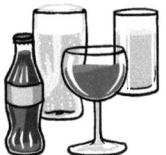

les boissons

drycker

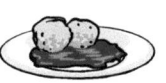

l'alimentation

mat

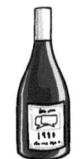

la bouteille

flaska

le fast-food

snabbmat

les plats à emporter

street food

la théière

tekanna

le sucrier

sockerskål

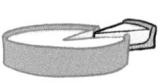

la portion

portion

la machine à expresso

espressomaskin

la chaise haute

barnstol

la facture

räkning

le plateau

bricka

le couteau

kniv

la fourchette

gaffel

la cuillère

sked

la cuillère à thé

tesked

la serviette

servett

le verre

glas

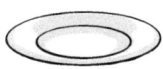

l'assiette
tallrik

l'assiette à soupe
sopptallrik

la soucoupe
tefat

la sauce
sås

la salière
saltkar

le moulin à poivre
pepparkvarn

le vinaigre
vinäger

l'huile
olja

les épices
kryddor

le ketchup
ketchup

la moutarde
senap

la mayonnaise
majonnäs

le supermarché
stormarknad

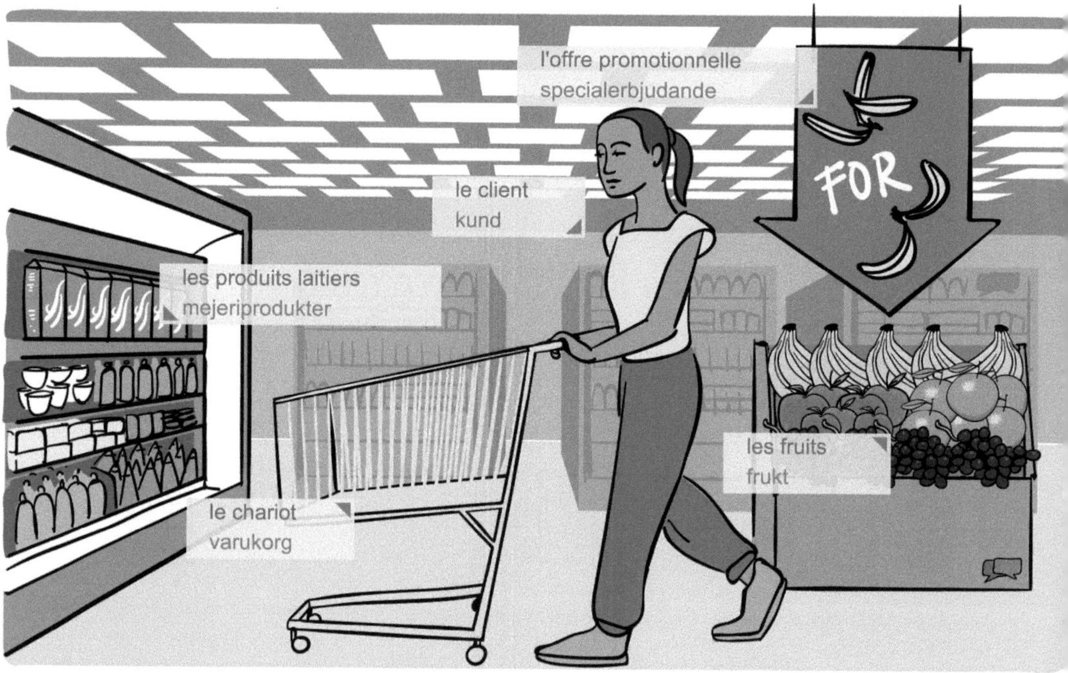

l'offre promotionnelle
specialerbjudande
FOR
le client
kund
les produits laitiers
mejeriprodukter
les fruits
frukt
le chariot
varukorg

BUTCHERS

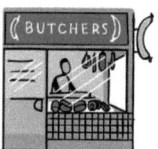

la boucherie

charkuteri

BAKERY

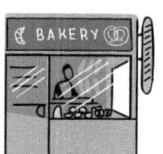

la boulangerie

bageri

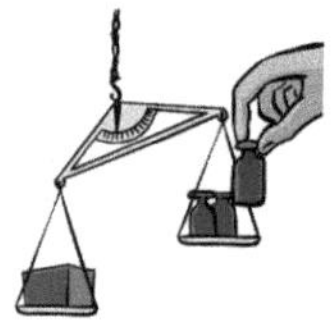

peser

väga

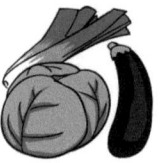

les légumes

grönsaker

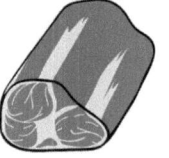

la viande

kött

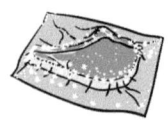

les aliments surgelés

frysta livsmedel

la charcuterie

pålägg

les conserves

konserver

la poudre à lessive

tvättmedel

les bonbons

godis

les articles ménagers

hushållsprodukter

les détergents

rengöringsmedel

la vendeuse

försäljare

la caisse

kassa

le caissier

kassör

la liste d'achats

inköpslista

les heures d'ouverture

öppettider

le portefeuille

plånbok

la carte de crédit

kreditkort

le sac

väska

le sac en plastique

plastpåse

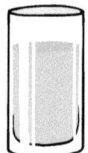

l'eau

vatten

le jus de fruit

juice

le lait

mjölk

le coca

cola

le vin

vin

la bière

öl

l'alcool

alkohol

le chocolat chaud

kakao

le thé

te

le café

kaffe

l'expresso

espresso

le cappuccino

cappuccino

la banane

banan

la pomme

äpple

l'orange

apelsin

le melon

melon

le citron.

citron

la carotte

morot

l'ail

vitlök

le bambou

bambu

l'oignon

lök

le champignon

svamp

les noisettes

nötter

les pâtes

nudlar

les spaghetti

spaghetti

le riz

ris

la salade

sallad

les pommes frites

pommes frites

les pommes de terre rôties

stekt potatis

la pizza

pizza

le hamburger

hamburgare

le sandwich

smörgås

l'escalope

schnitzel

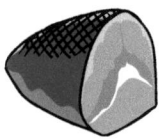

le jambon

skinka

le salami

salami

la saucisse

korv

le poulet

kyckling

le rôti

stek

le poisson

fisk

les flocons d'avoine

havregryn

le muesli

müsli

les cornflakes

cornflakes

la farine

mjöl

le croissant

croissant

les petits-pains

fralla

le pain

bröd

le pain grillé

rostat bröd

les biscuits

kex

le beurre

smör

le fromage blanc

kvarg

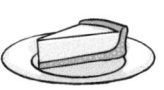

le gâteau

kaka

l'œuf

ägg

l'œuf au plat

stekt ägg

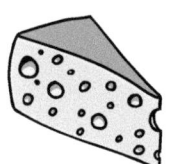

le fromage

ost

la glace

glass

le sucre

socker

le miel

honung

la confiture

sylt

la crème nougat

nougatkräm

le curry

curry

la ferme
lantgård

la grange
ladugård

la botte de paille
halmbal

le champ
fält

le cheval
häst

la remorque
trailer

le poulain
föl

le tracteur
traktor

l'âne
åsna

l'agneau
lamm

le mouton
får

la chèvre
get

la vache
ko

le veau
kalv

le porc
gris

le porcelet
griskulting

le taureau
tjur

la ferme - bondgård

27

l'oie

gås

le canard

anka

le poussin

kyckling

la poule

höna

le coq

tupp

le rat

råtta

le chat

katt

la souris

mus

le bœuf

oxe

le chien

hund

le chenil

hundkoja

le tuyau de jardin

trädgårdsslang

l'arrosoir

vattenkanna

la faucheuse

lie

la charrue

plog

la faucille

skära

la pioche

hacka

la fourche

högaffel

la hache

yxa

la brouette

skottkärra

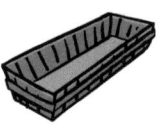

la cuve

tråg

le pot à lait

mjölkflaska

le sac

säck

la clôture

staket

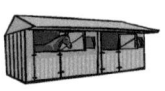

l'étable

stall

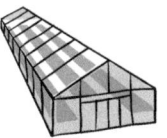

le serre

växthus

le sol

jord

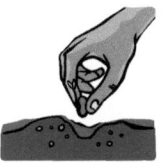

les semences

säd

l'engrais

gödsel

la moissonneuse-batteuse

skördetröska

récolter

skörda

la récolte

skörd

l'igname

jams

le blé

vete

le soja

soja

la pomme de terre

potatis

le maïs

majs

le colza

raps

l'arbre fruitier

fruktträd

le manioc

maniok

les céréales

spannmål

la ferme - bondgård

la maison

hus

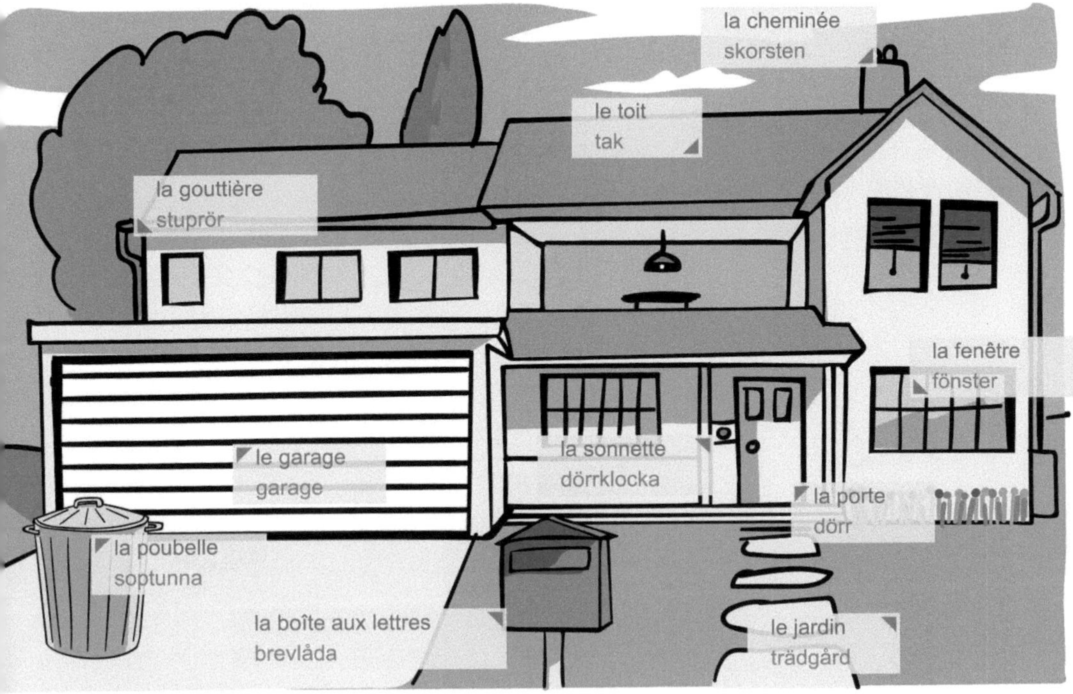

la cheminée
skorsten
le toit
tak
la gouttière
stuprör
la fenêtre
fönster
le garage
garage
la sonnette
dörrklocka
la porte
dörr
la poubelle
soptunna
la boîte aux lettres
brevlåda
le jardin
trädgård

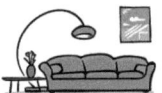

le salon

vardagsrum

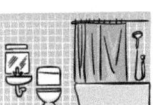

la salle de bain

badrum

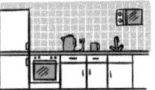

la cuisine

kök

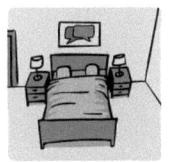

la chambre à coucher

sovrum

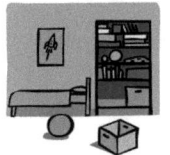

la chambre d'enfant

barnrum

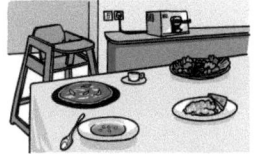

la salle à manger

matsal

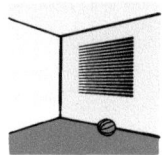

le sol

golv

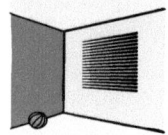

le mur

vägg

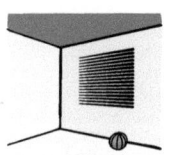

le plafond

tak

la cave

källare

le sauna

bastu

le balcon

balkong

la terrasse

terrass

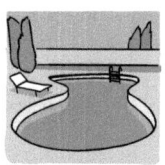

la piscine

bassäng

la tondeuse à gazon

gräsklippare

la housse

lakan

la couette

överkast

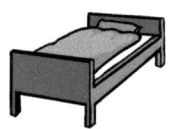

le lit

säng

le balai

kvast

le sceau

hink

l'interrupteur

strömbrytare

le salon
vardagsrum

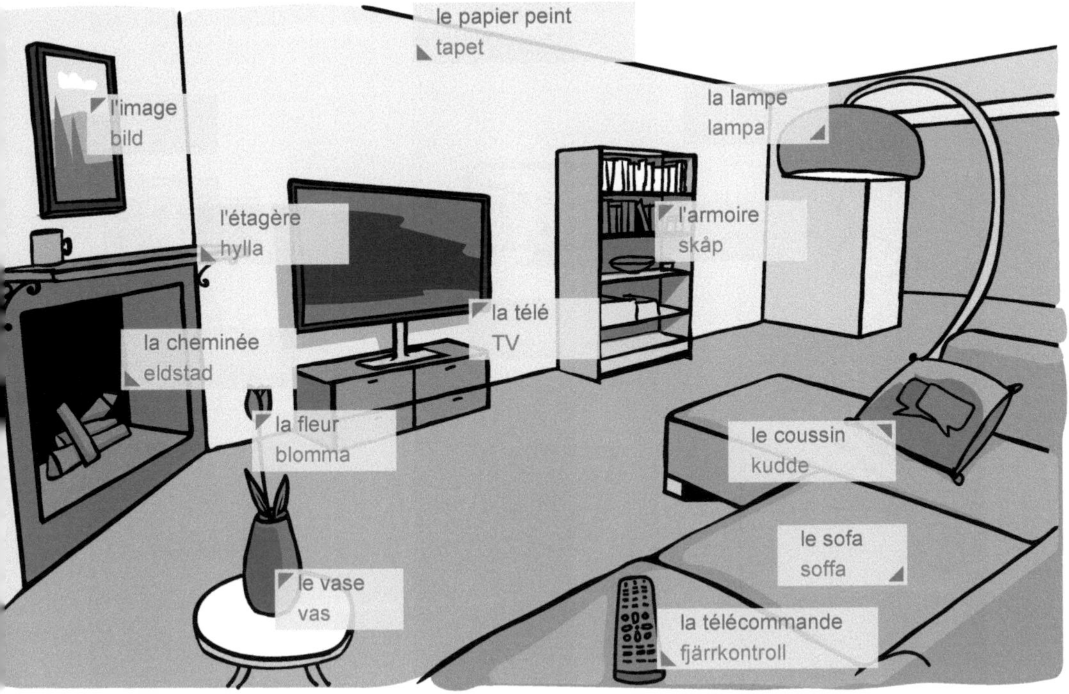

le papier peint
tapet
l'image
bild
la lampe
lampa
l'étagère
hylla
l'armoire
skåp
la télé
TV
la cheminée
eldstad
la fleur
blomma
le coussin
kudde
le sofa
soffa
le vase
vas
la télécommande
fjärrkontroll

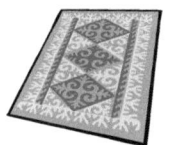

le tapis

matta

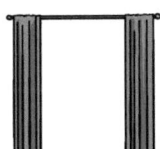

le rideau

gardin

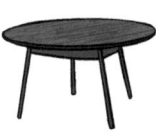

la table

bord

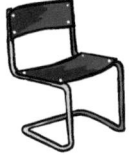

la chaise

stol

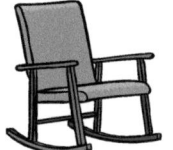

la chaise à bascule

gungstol

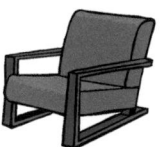

le fauteuil

fåtölj

le livre

bok

la couverture

filt

la décoration

dekoration

le bois de chauffage

vedträ

le film

film

la chaîne hi-fi

stereoanläggning

la clé

nyckel

le journal

dagstidning

la peinture

målning

le poster

poster

la radio

radio

le bloc-notes

anteckningsbok

l'aspirateur

dammsugare

le cactus

kaktus

la bougie

stearinljus

la cuisine
kök

le réfrigérateur
kylskåp
le four à micro-ondes
mikrovågsugn
la balance de cuisine
köksvåg
le grille-pain
brödrost
le détergent
rengöringsmedel
le four
ugn
le compartiment congélateur
frys
la poubelle
soptunna
le lave-vaisselle
diskmaskin

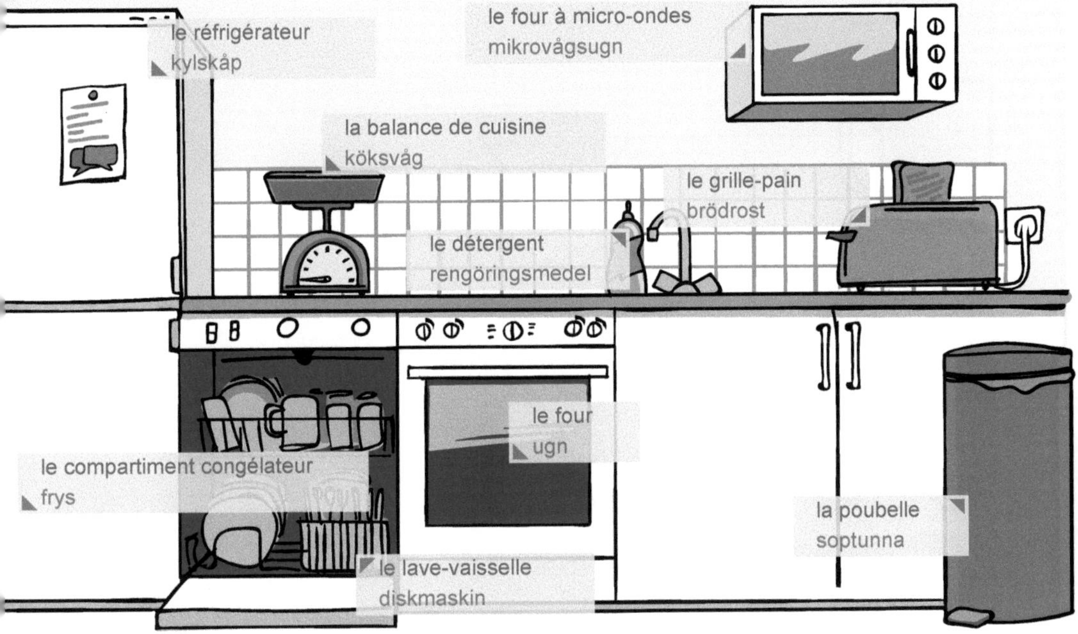

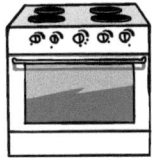

le four
spis

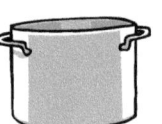

la casserole
kastrull

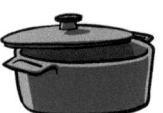

la marmite
järngryta

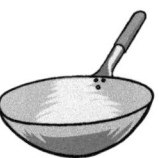

le wok / kadai
wok / kadai

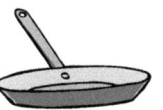

la poêle
stekpanna

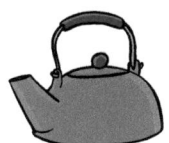

la bouilloire electrique
vattenkokare

le cuiseur vapeur

ångkokare

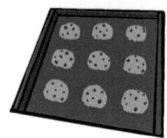

la plaque de cuisson

bakplåt

la vaisselle

porslin

le gobelet

mugg

la coupe

skål

les baguettes

ätpinnar

la louche

soppslev

la spatule

stekspade

le fouet

visp

la passoire

durkslag

le tamis

sil

la râpe

rivjärn

le mortier

mortel

le barbecue

grill

la cheminée

brasa

la planche à découper

skärbräda

le rouleau à pâtisserie

kavel

le tire-bouchon

korkskruv

la boîte

burk

l'ouvre-boîte

burköppnare

les maniques

grytlapp

le lavabo

vask

la brosse

borste

l'éponge

svamp

le mixeur

mixer

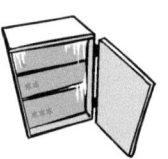

le congélateur

frys

le biberon

nappflaska

le robinet

kran

la salle de bain
badrum

la douche
dusch
le chauffage
värme
la serviette
handduk
le rideau de douche
duschdraperi
le bain moussant
bubbelbad
la baignoire
badkar
le verre
glas
la machine à laver
tvättmaskin
le robinet
kran
le carrelage
kakel
le pot
potta
le lavabo
vask

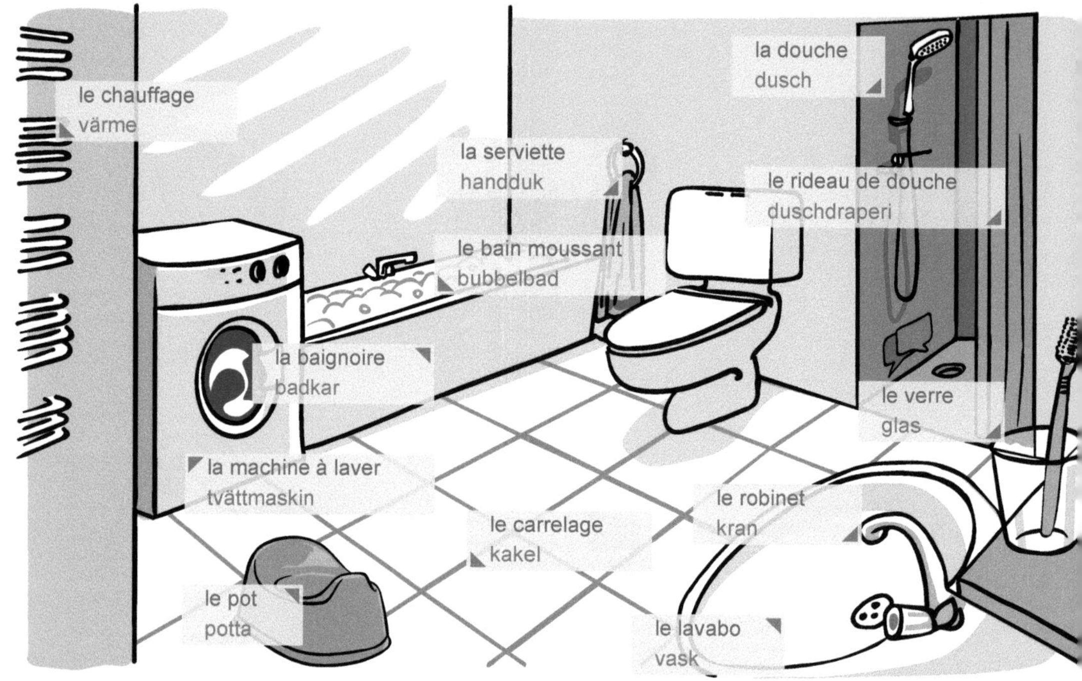

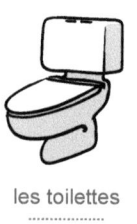

les toilettes

toalett

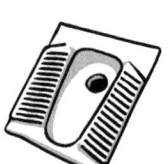

la toilette à la turque

låg toalett

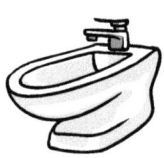

le bidet

bidet

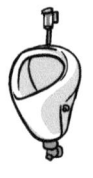

l'urinoir

pissoar

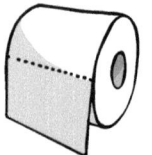

le papier toilette

toalettpapper

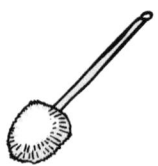

la brosse à toilette

toalettborste

la brosse à dents

tandborste

le dentifrice

tandkräm

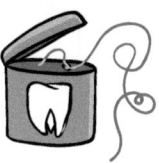

le fil dentaire

tandtråd

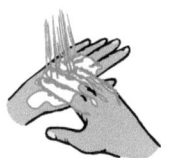

laver

tvätta

la douche manuelle

handdusch

la douche intime

intimdusch

la vasque

handfat

la brosse dorsale

ryggborste

le savon

tvål

le gel douche

duschgel

le shampooing

schampo

le gant de toilette

trasa

l'écoulement

avlopp

la crème

crème

le déodorant

deodorant

le miroir

spegel

le miroir cosmétique

handspegel

le rasoir

rakhyvel

la mousse à raser

raklödder

l'après-rasage

rakvatten

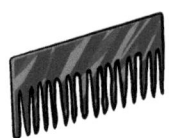

la peigne

kam

la brosse

borste

le sèche-cheveux

hårtork

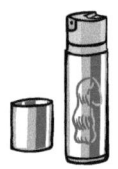

la laque pour cheveux

hårspray

le fond de teint

smink

le rouge à lèvres

läppstift

le vernis à ongles

nagellack

l'ouate

bomullsvadd

le coupe-ongles

nagelsax

le parfum

parfym

la trousse de toilette

necessär

le tabouret

pall

le pèse-personne

våg

le peignoir

badrock

les gants de nettoyage

gummihandskar

le tampon

tampong

les serviettes hygiéniques

binda

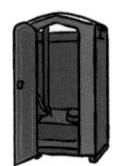

la toilette chimique

kemisk toalett

la chambre d'enfant

barnrum

le réveil
väckarklocka
le doudou
gosedjur
la voiture jouet
leksaksbil
le hochet
skallra
la maison de poupée
dockhus
le cadeau
present

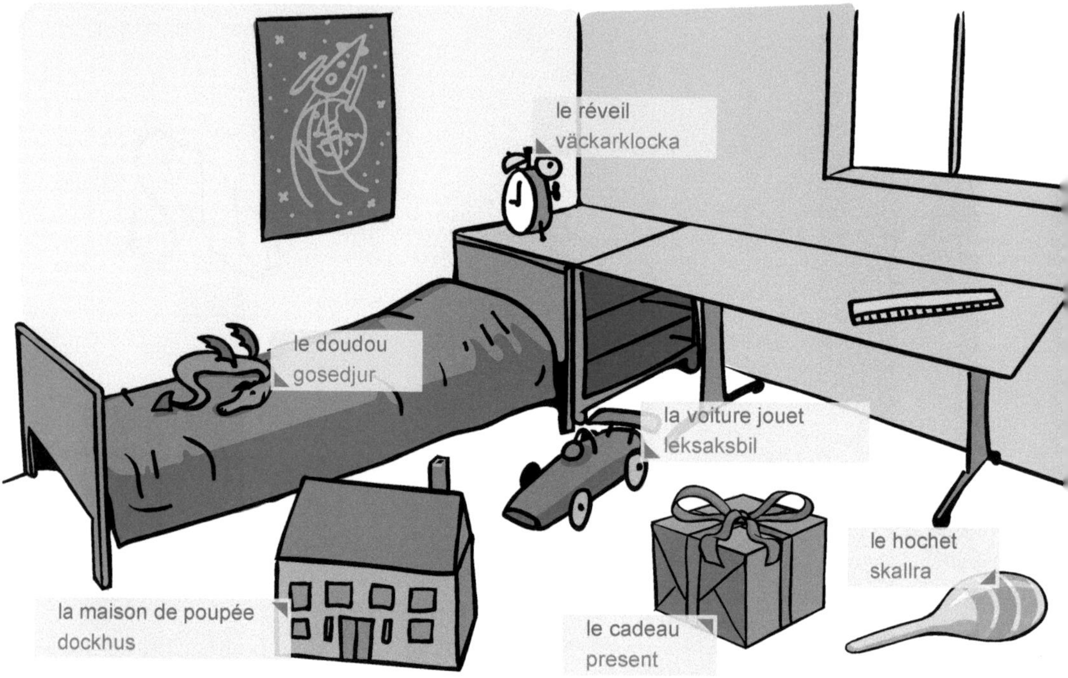

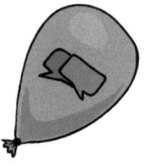

le ballon

ballong

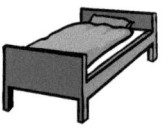

le lit

säng

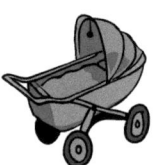

la poussette

barnvagn

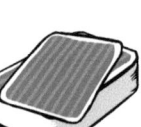

le jeu de cartes

kortlek

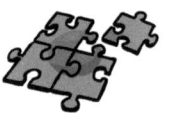

le puzzle

pussel

SUPER MEGA

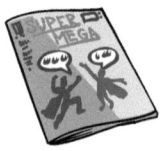

la bande dessinée

serietidning

les pièces lego
legobitar

les blocs de construction
klossar

la figurine
actionfigur

la grenouillère
sparkdräkt

le frisbee
frisbee

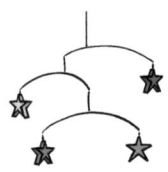

le mobile
mobil

le jeu de société
brädspel

le dé
tärning

le train miniature
modelljärnväg

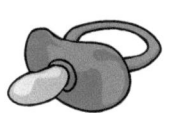

la sucette
napp

la fête
party

le livre d'images
bilderbok

la balle
boll

la poupée
docka

jouer
spela

le bac à sable

sandlåda

la balançoire

gunga

les jouets

leksaker

la console de jeu

spelkonsol

le tricycle

trehjuling

l'ours en peluche

nalle

l'armoire

garderob

les vêtements
kläder

les chaussettes

sockar

les bas

strumpor

le collant

tights

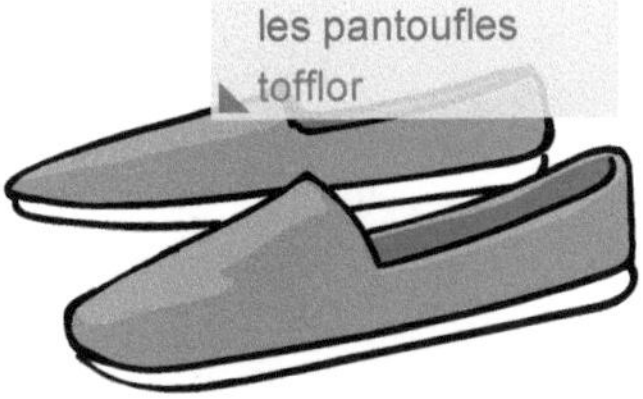

l'écharpe
halsduk

le parapluie
paraply

le t-shirt
t-shirt

la ceinture
bälte

les bottes
stövlar

les pantoufles
tofflor

les baskets
sneakers

les sandales
········
sandaler

les chaussures
········
skor

les bottes de caoutchouc
········
gummistövlar

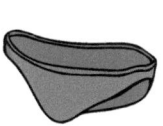

les sous-vêtements
········
underbyxor

le soutien-gorge
········
BH

le maillot de corps
········
linne

le body
body

le pantalon
byxor

le jean
jeans

la jupe
kjol

le chemisier
blus

la chemise
skjorta

le pull
pullover

le sweat à capuche
sweater

la veste
blazer

la veste
jacka

le manteau
kappa

l'imperméable
regnjacka

le costume
dräkt

la robe
klänning

la robe de mariée
bröllopsklänning

le costume

kostym

la chemise de nuit

nattlinne

le pyjama

pyjamas

le sari

sari

le foulard

slöja

le turban

turban

la burqa

burka

le caftan

kaftan

l'abaya

abaya

le maillot de bain

baddräkt

le maillot de bain

badbyxor

le short

shorts

la tenue d'entraînement

träningsoverall

le tablier

förkläde

les gants

handskar

le bouton

knapp

les lunettes

glasögon

le bracelet

armband

le collier

halsband

la bague

ring

la boucle d'oreille

örhänge

le bonnet

mössa

le cintre

galge

le chapeau

hatt

la cravate

slips

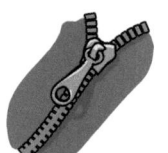

la fermeture éclair

dragkedja

le casque

hjälm

les bretelles

hängslen

l'uniforme scolaire

skoluniform

l'uniforme

uniform

le bavoir

haklapp

la sucette

napp

la lange

blöja

le bureau
kontor

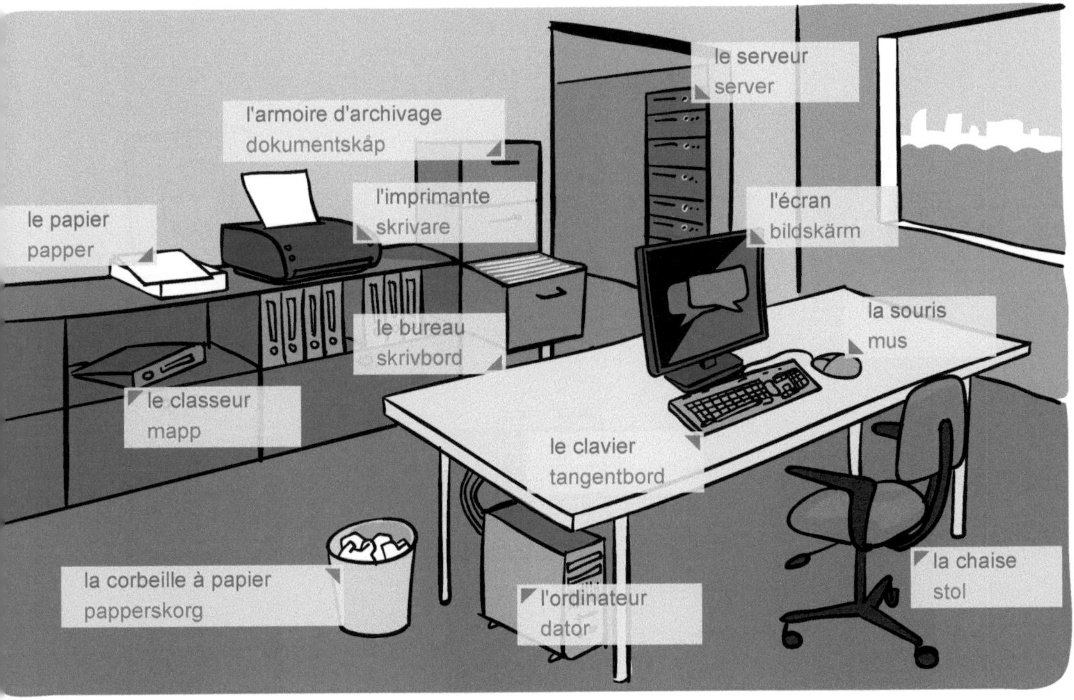

le serveur
server

l'armoire d'archivage
dokumentskåp

l'imprimante
skrivare

l'écran
bildskärm

le papier
papper

le bureau
skrivbord

la souris
mus

le classeur
mapp

le clavier
tangentbord

la corbeille à papier
papperskorg

l'ordinateur
dator

la chaise
stol

la tasse de café

kaffemugg

la calculatrice

miniräknare

l'internet

internet

l'ordinateur portable

bärbar dator

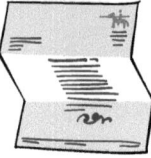

la lettre

brev

le message

meddelande

le portable

mobiltelefon

le réseau

nätverk

la photocopieuse

kopieringsapparat

le logiciel

programvara

le téléphone

telefon

la prise

vägguttag

le fax

fax

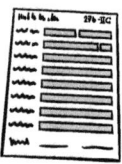

le formulaire

blankett

le document

dokument

acheter

köpa

payer

betala

faire du commerce

handla

la monnaie

pengar

le dollar

dollar

l'euro

euro

le yen

yen

le rouble

rubel

le franc suisse

schweizisk franc

le renminbi yuan

renminbi yan

la roupie

rupie

le distributeur automatique

bankomat

le bureau de change

växelkontor

l'or

guld

l'argent

silver

le pétrole

olja

l'énergie

energi

le prix

pris

le contrat

kontrakt

la taxe

skatt

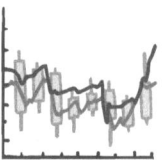

l'action

aktie

travailler

arbeta

l'employé

anställd

l'employeur

arbetsgivare

l'usine

fabrik

le magasin

affär

les professions
yrken

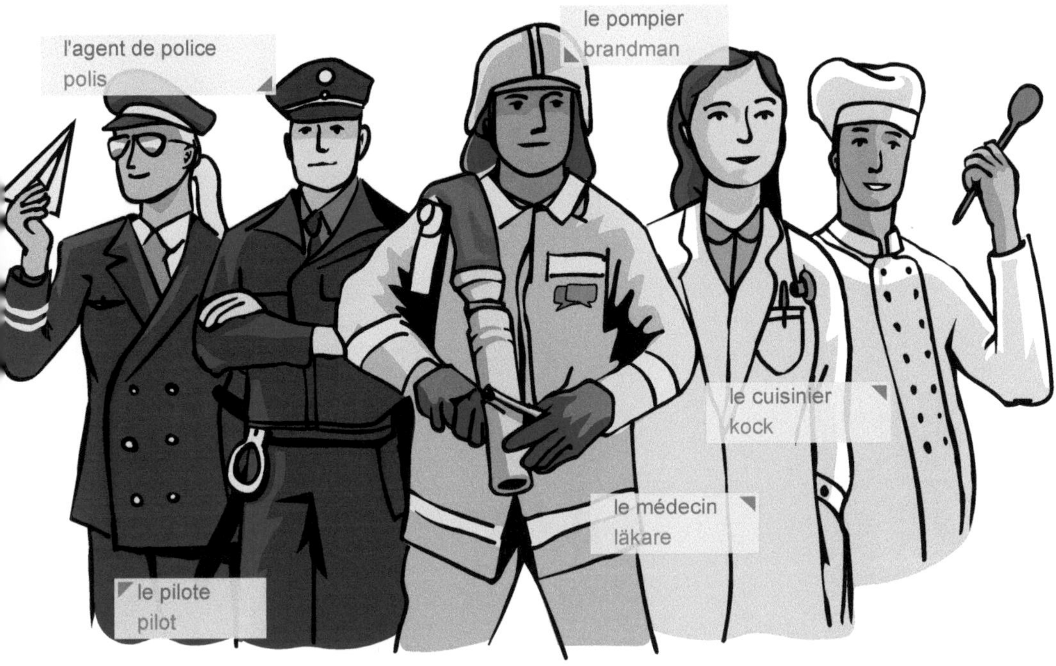
l'agent de police
polis
le pompier
brandman
le cuisinier
kock
le médecin
läkare
le pilote
pilot

le jardinier

trädgårdsmästare

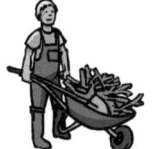

le menuisier

snickare

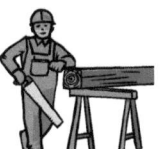

la couturière

sömmerska

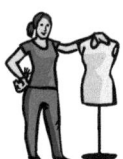

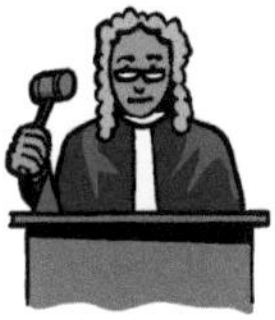

le juge

domare

le chimiste

kemist

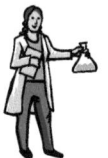

l'acteur

skådespelare

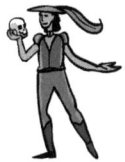

le conducteur de bus

busschufför

le chauffeur de taxi

taxichaufför

le pêcheur

fiskare

la femme de ménage

städerska

le couvreur

takläggare

le serveur

servitör

le chasseur

jägare

le peintre

målare

le boulanger

bagare

l'électricien

elektriker

l'ouvrier

byggarbetare

l'ingénieur

ingenjör

le boucher

slaktare

le plombier

rörmokare

le facteur

brevbärare

le soldat

soldat

l'architecte

arkitekt

le caissier

kassör

le fleuriste

florist

le coiffeur

frisör

le contrôleur

konduktör

le mécanicien

mekaniker

le capitaine

kapten

le dentiste

tandläkare

le scientifique

vetenskapsman

le rabbin

rabbin

l'imam

imam

le moine

munk

le prêtre

präst

les outils
verktyg

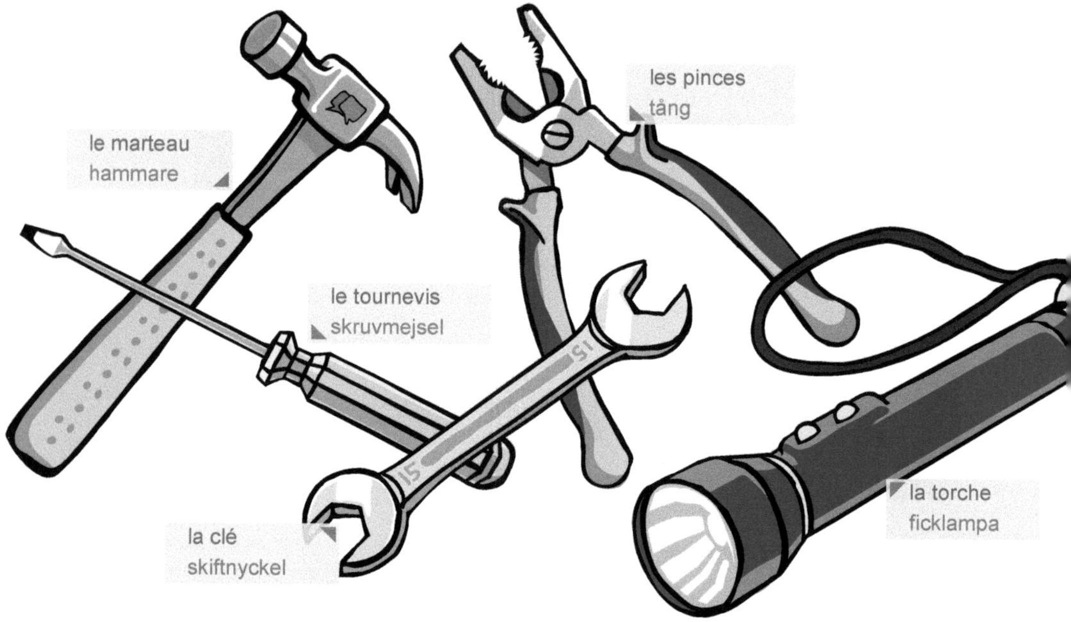

le marteau
hammare
les pinces
tång
le tournevis
skruvmejsel
la clé
skiftnyckel
la torche
ficklampa

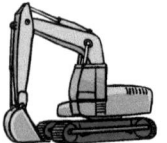

la pelleteuse

grävmaskin

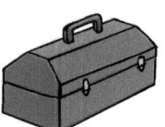

la boîte à outils

verktygslåda

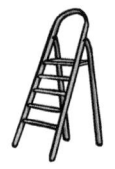

l'échelle

stege

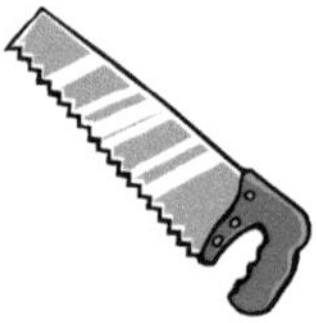

la scie

såg

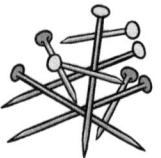

les clous

spik

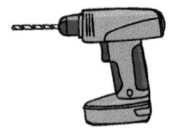

la perceuse

borr

réparer
....
reparera

la pelle
....
spade

Mince !
....
Helvete!

la pelle
....
sopskyffel

le pot de peinture
....
färgburk

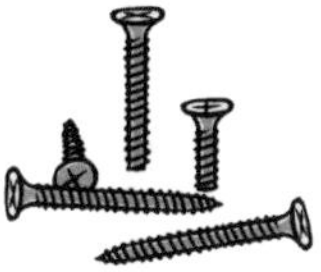

les vis
....
skruvar

les instruments de musique
musikinstrument

la batterie
trummor

le haut-parleurs
högtalare

la guitare
gitarr

la contrebasse
kontrabas

la trompette
trumpet

le piano

piano

le violon

violin

la basse

bas

les timbales

timpani

le tambour

trumma

le piano électrique

keyboard

le saxophone

saxofon

la flûte

flöjt

le microphone

mikrofon

le zoo

zoo

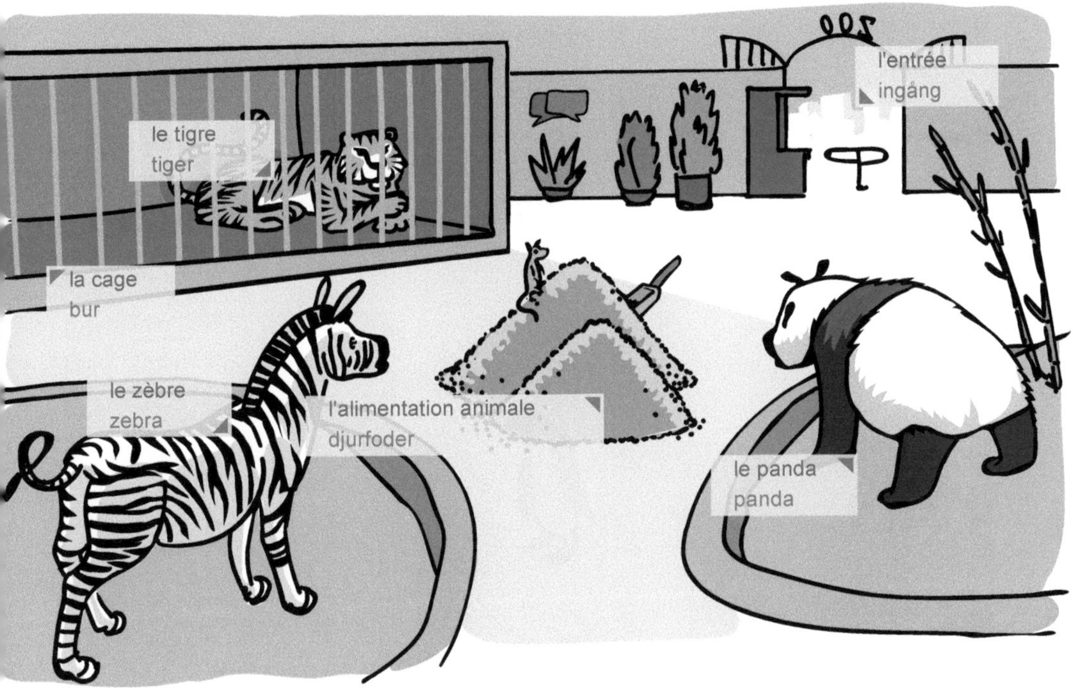

l'entrée
ingång
le tigre
tiger
la cage
bur
le zèbre
zebra
l'alimentation animale
djurfoder
le panda
panda

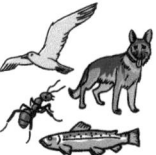

les animaux

djur

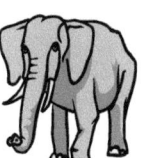

l'éléphant

elefant

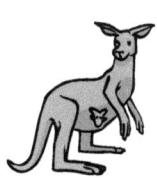

le kangourou

känguru

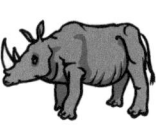

le rhinocéros

noshörning

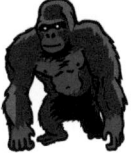

le gorille

gorilla

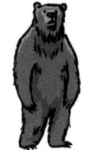

l'ours

björn

le chameau

kamel

l'autruche

struts

le lion

lejon

le singe

apa

le flamand rose

flamingo

le perroquet

papegoja

l'ours polaire

isbjörn

le pingouin

pingvin

le requin

haj

le paon

påfågel

le serpent

orm

le crocodile

krokodil

le gardien de zoo

djurskötare

le phoque

säl

le jaguar

jaguar

le poney

ponny

le léopard

leopard

l'hippopotame

flodhäst

la girafe

giraff

l'aigle

örn

le sanglier

vildsvin

le poisson

fisk

la tortue

sköldpadda

le morse

valross

le renard

räv

la gazelle

gazell

les sports
sport

l'american Football
amerikansk fotboll

le cyclisme
cykling

le tennis
tennis

le basket-ball
basket

la natation
simning

la boxe
boxning

le hockey sur glace
ishockey

le football
fotboll

le badminton
badminton

l'athlétisme
friidrott

le handball
handboll

le ski
skidåkning

le polo
polo

les activités
aktiviteter

rire
skratta
sauter
hoppa
embrasser
krama
marcher
gå
chanter
sjunga
rêver
drömma
prier
be
faire la bise
kyssa

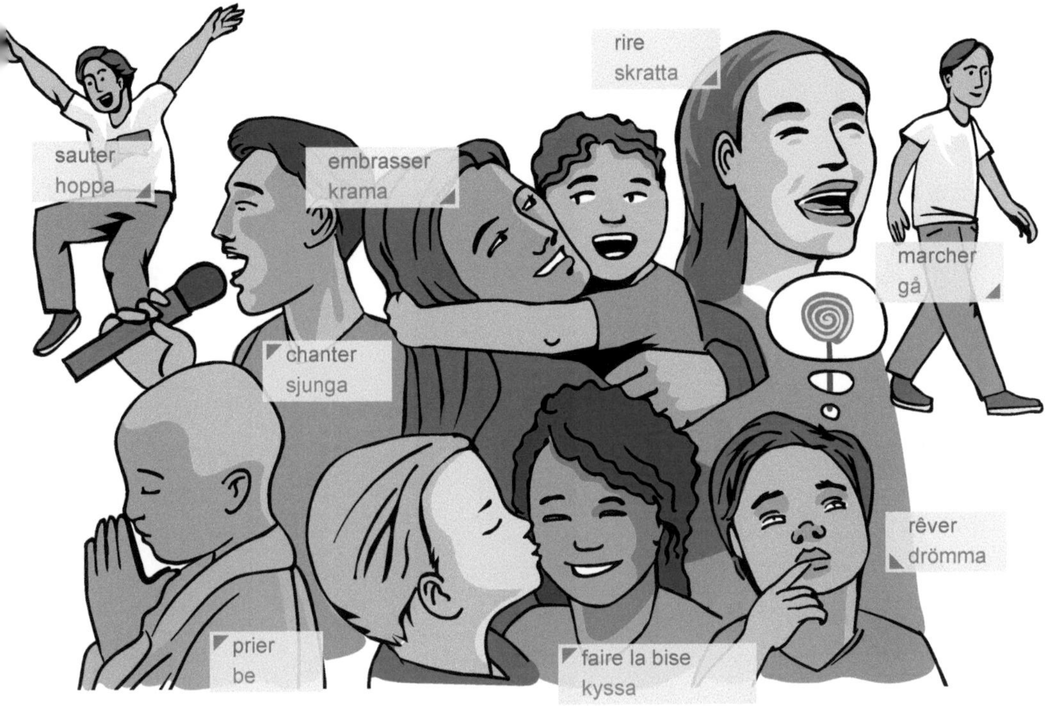

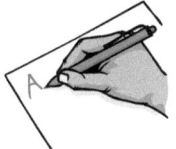

écrire

skriva

dessiner

rita

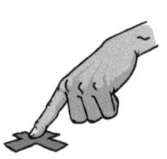

montrer

visa

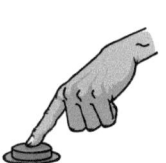

pousser

skjuta

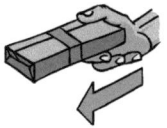

donner

ge

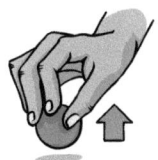

prendre

ta

avoir
hagel

faire
göra

être
vara

être debout
stå

courir
springa

trier
dra

jeter
kasta

tomber
falla

être couché
ligga

attendre
vänta

porter
bära

être assis
sitta

s'habiller
klä på

dormir
sova

se réveiller
vakna

regarder
se på

pleurer
gråta

caresser
smeka

peigner
kamma

parler
prata

comprendre
förstå

demander
fråga

écouter
höra

boire
dricka

manger
äta

ranger
städa

aimer
älska

cuire
laga mat

conduire
köra

voler
flyga

les activités - aktiviteter

faire de la voile
segla

calculer
räkna

lire
läsa

apprendre
lära sig

travailler
arbeta

se marier
gifta sig

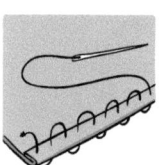

coudre
sy

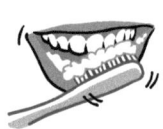

brosser les dents
borsta tänderna

tuer
döda

fumer
röka

envoyer
skicka

la famille

familj

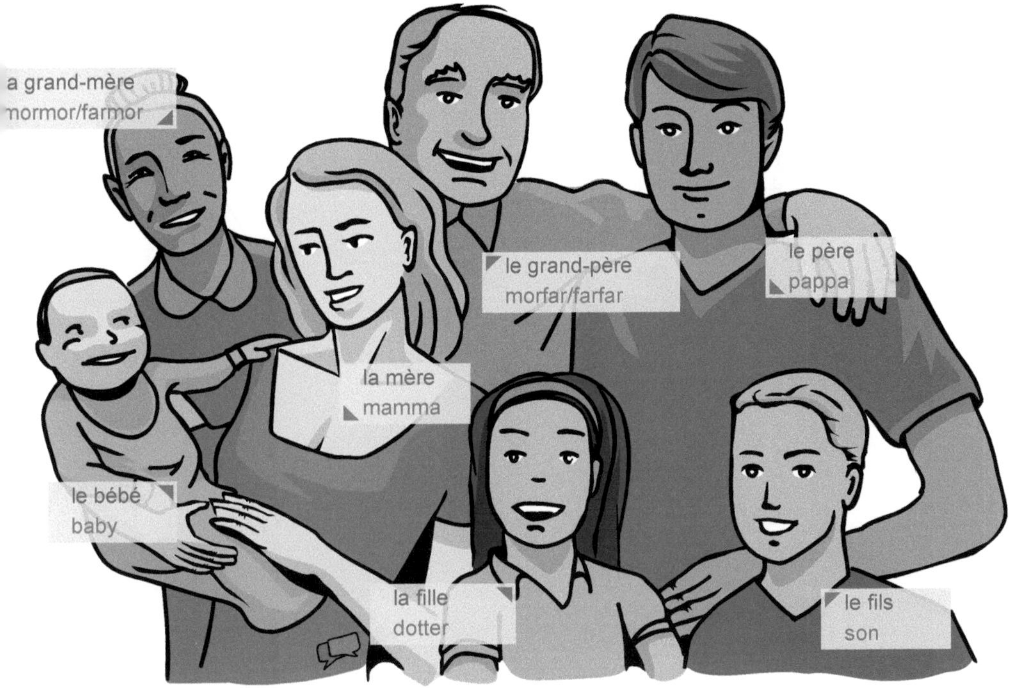
a grand-mère
mormor/farmor
le grand-père
morfar/farfar
le père
pappa
la mère
mamma
le bébé
baby
la fille
dotter
le fils
son

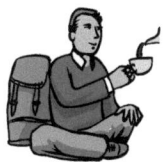

l'hôte

gäst

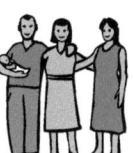

la tante

moster/faster

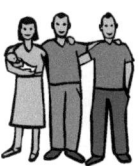

l'oncle

farbror/morbror

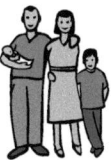

le frère

bror

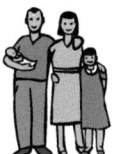

la sœur

syster

le front
panna

l'œil
öga

l'épaule
skuldra

le doigt
finger

le visage
ansikte

le menton
haka

la main
hand

la poitrine
bröst

la jambe
ben

le bras
arm

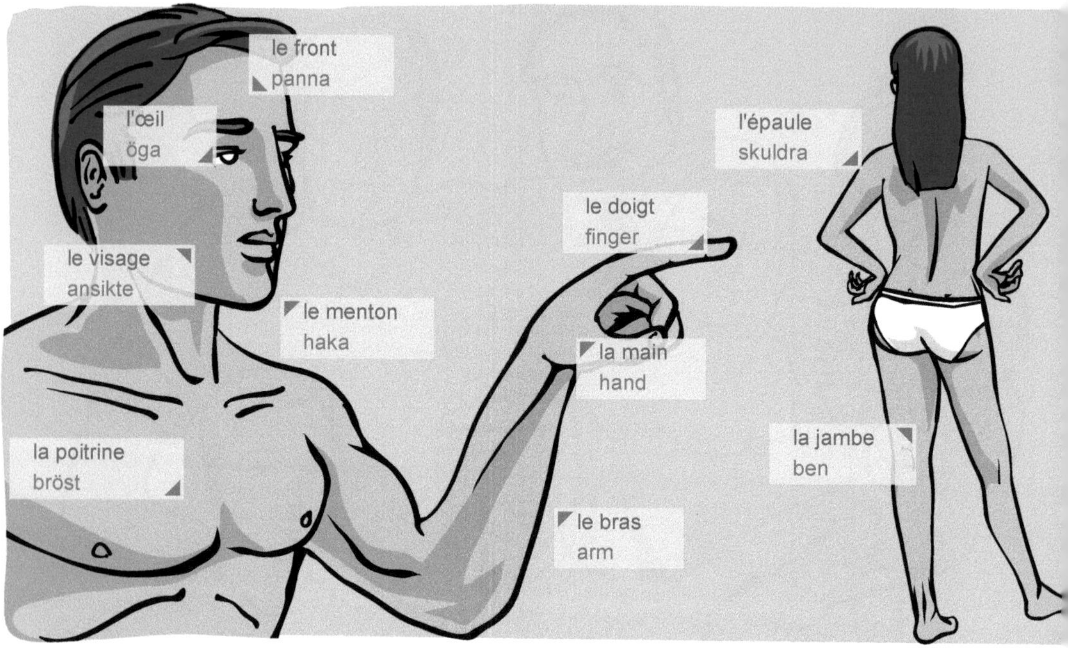

le bébé

baby

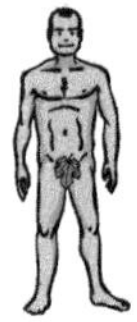

l'homme

man

la femme

kvinna

la fille

flicka

l'image du garçon

le garçon

pojke

la tête

huvud

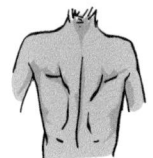

le dos
rygg

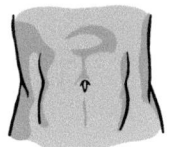

le ventre
mage

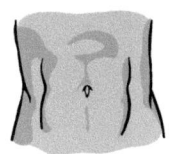

le nombril
navel

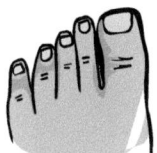

l'orteil
tå

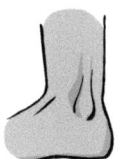

le talon
häl

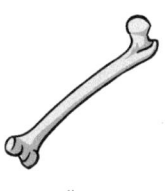

l'os
ben

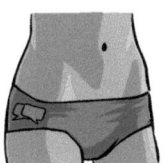

la hanche
höft

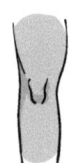

le genou
knä

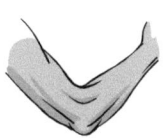

le coude
armbåge

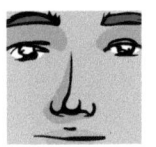

le nez
näsa

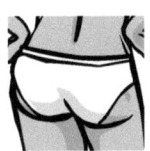

les fesses
stjärt

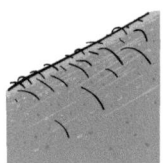

la peau
hud

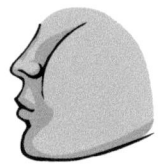

la joue
kind

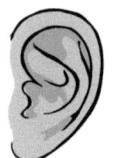

l'oreille
öra

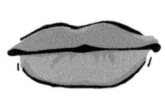

la lèvre
läpp

la bouche
mun

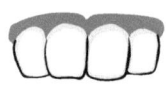

la dent
tand

la langue
tunga

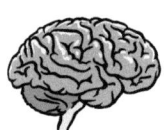

le cerveau
hjärna

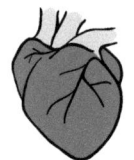

le cœur
hjärta

le muscle
muskel

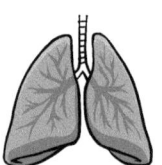

les poumons
lunga

le foie
lever

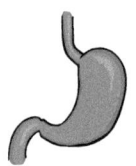

l'estomac
magsäck

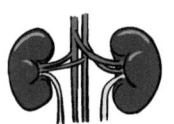

les reins
njurar

le rapport sexuel
sex

le préservatif
kondom

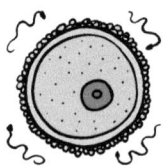

l'ovule
äggcell

le sperme
sperma

la grossesse
graviditet

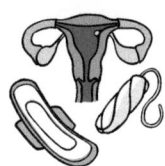

la menstruation

menstruation

le vagin

vagina

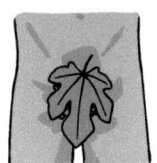

le pénis

penis

le sourcil

ögonbryn

les cheveux

hår

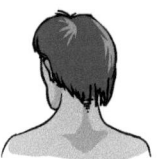

le cou

nacke

l'hôpital

sjukhus

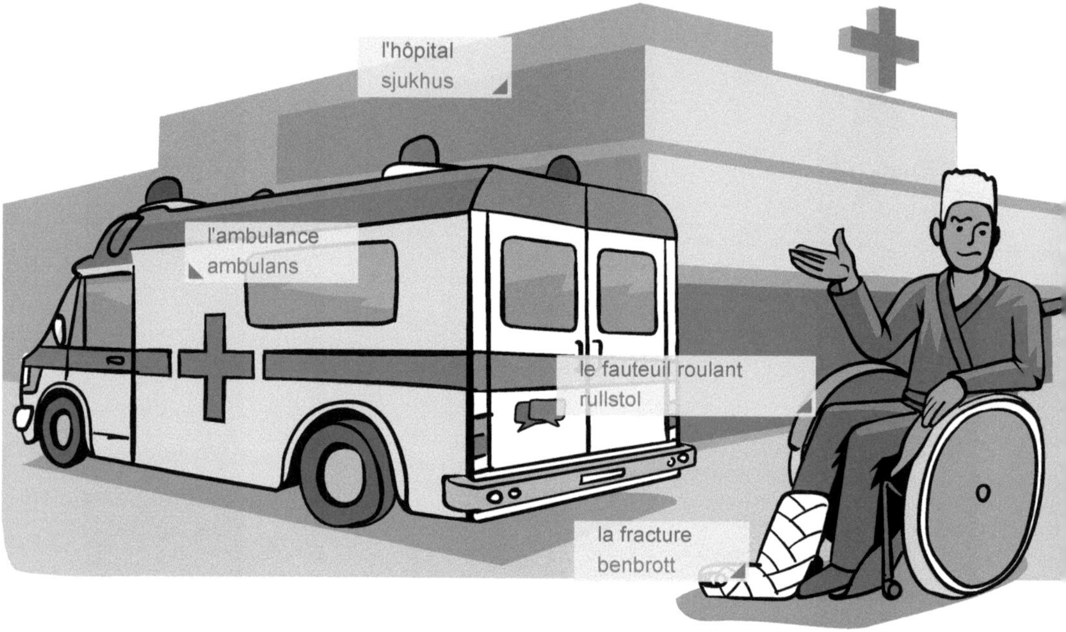

l'hôpital
sjukhus
l'ambulance
ambulans
le fauteuil roulant
rullstol
la fracture
benbrott

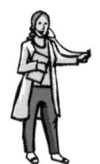

le médecin

läkare

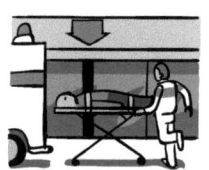

le service des urgences

akutmottagning

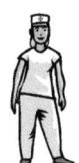

l'infirmière

sjuksköterska

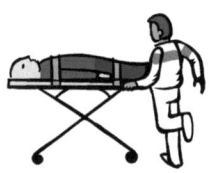

l'urgence

nödsituation

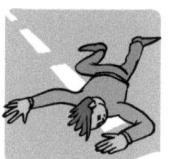

inconscient

medvetslös

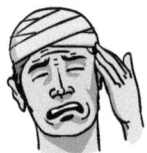

la douleur

smärta

la blessure

skada

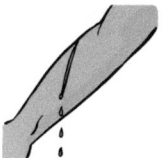

l'hémorragie

blödning

la crise cardiaque

hjärtattack

l'attaque cérébrale

slaganfall

l'allergie

allergi

la toux

hosta

la fièvre

feber

la grippe

influensa

la diarrhée

diarré

le mal de tête

huvudvärk

le cancer

cancer

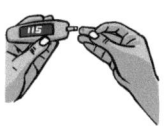

le diabète

diabetes

le chirurgien

kirurg

le scalpel

skalpell

l'opération

operation

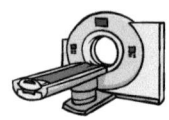

le CT

CT

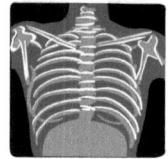

la radiographie

röntgen

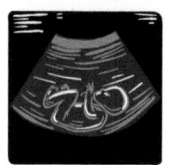

l'échographie

ultraljud

le masque

ansiktsmask

la maladie

sjukdom

la salle d'attente

väntsal

la béquille

krycka

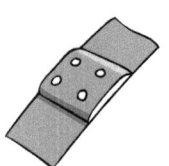

le pansement

plåster

le pansement

bandage

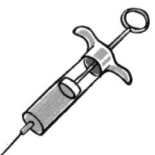

l'injection

injektion

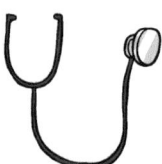

le stéthoscope

stetoskop

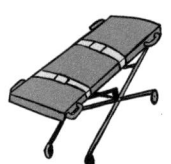

le brancard

bår

le thermomètre

termometer

l'accouchement

födsel

la surcharge pondérale

övervikt

l'appareil auditif

hörapparat

le désinfectant

desinfektionsmedel

l'infection

infektion

le virus

virus

le VIH / le sida

HIV / AIDS

le médicament

medicin

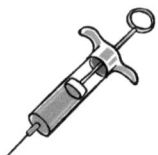

la vaccination

vaccination

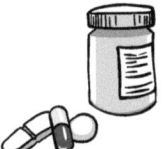

les comprimés

tabletter

la pilule

p-piller

l'appel d'urgence

nödsamtal

le tensiomètre

blodtrycksmätare

malade / sain

sjuk / frisk

Au secours ! Hjälp!	 l'alarme alarm	 l'assaut överfall
 l'attaque misshandel	 le danger fara	 la sortie de secours nödutgång
Au feu! Det brinner!	 l'extincteur brandsläckare	 l'accident olycka
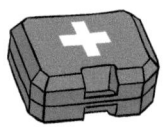 la trousse de premier secours förbandslåda	 SOS SOS	 la police polis

l'Europe

Europa

l'Amérique du Nord

Nordamerika

l'Amérique du Sud

Sydamerika

l'Afrique

Afrika

l'Asie

Asien

l'Australie

Australien

l'Océan atlantique

Atlanten

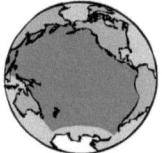

l'Océan pacifique

Stilla Havet

l'Océan indien

Indiska Oceanen

l'Océan antarctique

Antarktiska Oceanen

l'Océan arctique

Arktiska Oceanen

le Pôle nord

Nordpol

le Pôle sud

Sydpol

l'Antarctique

Antarktis

la terre

Jorden

le pays

land

la mer

hav

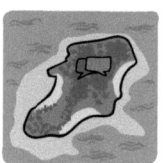

l'île

ö

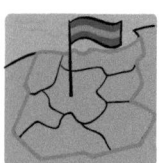

la nation

nation

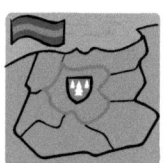

l'état

stat

le cadran

urtavla

l'aiguille des heures

timvisare

l'aiguille des minutes

minutvisare

l'aiguille des secondes

sekundvisare

Quelle heure est-il ?

Vad är klockan?

le jour

dag

le temps

tid

maintenant

nu

la montre digitale

digital klocka

la minute

minut

l'heure

timme

la semaine

vecka

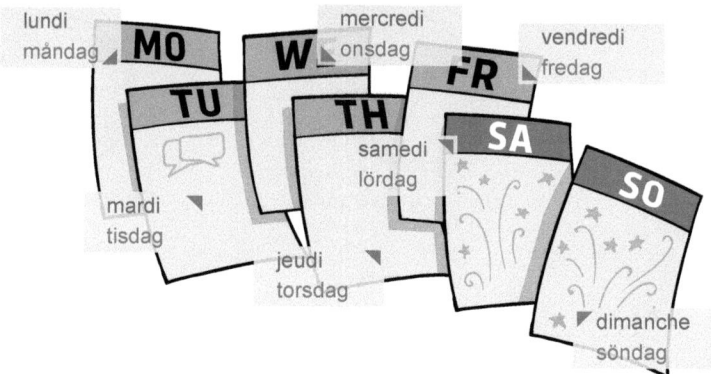

lundi / måndag — MO
mardi / tisdag — TU
mercredi / onsdag — W
jeudi / torsdag — TH
vendredi / fredag — FR
samedi / lördag — SA
dimanche / söndag — SO

hier
igår

aujourd'hui
idag

demain
imorgon

le matin
morgon

le midi
middag

le soir
kväll

les jours ouvrables
vardagar

le week-end
helg

l'année

år

la pluie
regn
l'arc-en-ciel
regnbåge
la neige
snö
le vent
vind
le printemps
vår
l'automne
höst
l'été
sommar
l'hiver
vinter

4.APRIL 11°
5.APRIL 4°
6.APRIL 13°
7.APRIL 8°
8.APRIL 10°

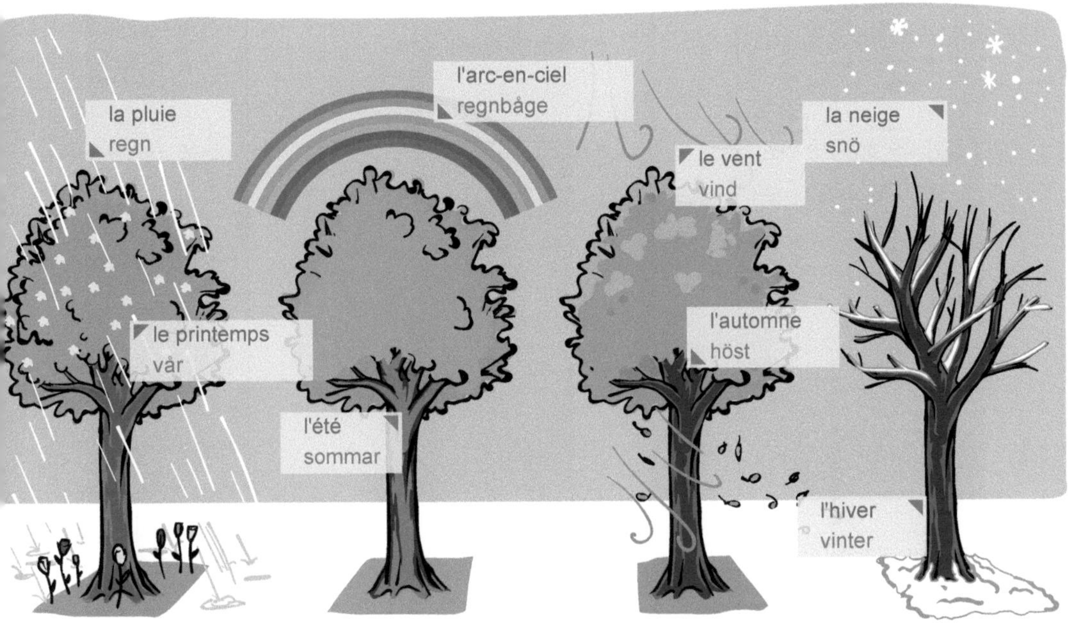

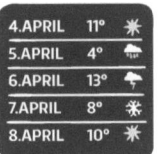

la météo

....

väderprognos

F C
120 90 60 30 0 -30
40 30 20 10 0 -10 -20

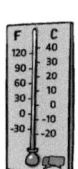

le thermomètre

....

termometer

la lumière du soleil

....

solsken

le nuage

....

moln

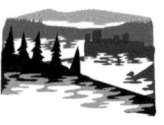

le brouillard

....

dimma

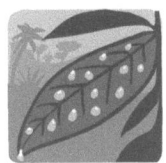

l'humidité

....

luftfuktighet

la foudre

blixt

la tonnerre

åska

la tempête

storm

la grêle

hagel

la mousson

monsun

l'inondation

översvämning

la glace

is

janvier

januari

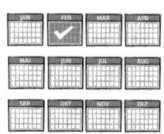

février

februari

mars

mars

avril

april

mai

maj

juin

juni

juillet

juli

août

augusti

septembre
....
september

octobre
....
oktober

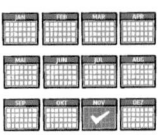

novembre
....
november

décembre
....
december

les formes

former

le cercle
....
cirkel

le carré
....
kvadrat

le rectangle
....
rektangel

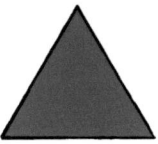

le triangle
....
triangel

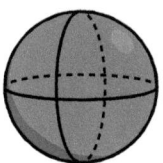

la sphère
....
sfär

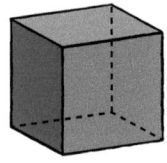

le cube
....
kub

les couleurs
färger

blanc

vit

jaune

gul

orange

orange

rose

rosa

rouge

röd

violet

lila

bleu

blå

vert

grön

marron

brun

gris

grå

noir

svart

beaucoup / peu

mycket / lite

fâché / calme

arg / lugn

joli / laid

vacker / ful

le début / la fin

början / slut

grand / petit

stor / liten

clair / obscure

ljus / mörk

frère / soeur

bror / syster

propre / sale

ren / smutsig

complet / incomplet

komplett / ofullständig

le jour / la nuit

dag / natt

mort / vivant

död / levande

large / étroit

bred / smal

comestible / incomestible

ätlig / oätlig

méchant / gentil

ond / god

excité / ennuyé

upphetsad / uttråkad

gros / mince

tjock / smal

le premier / le dernier

först / sist

l'ami / l'ennemi

vän / fiende

plein / vide

full / tom

dur / souple

hård / mjuk

lourd / léger

tung / lätt

faim / soif

hunger / törst

malade / sain

sjuk / frisk

illégal / légal

olaglig / laglig

intelligent / stupide

intelligent / dum

gauche / droite

vänster / höger

proche / loin

nära / långt bort

nouveau / usé
ny / begagnad

rien / quelque chose
inget / något

vieux / jeune
gammal / ung

marche / arrêt
på / av

ouvert / fermé
öppen / stängd

faible / fort
tyst / högljudd

riche / pauvre
rik / fattig

correct / incorrect
rätt / fel

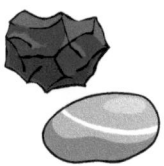

rugueux / lisse
grov / slät

triste / heureux
ledsen / glad

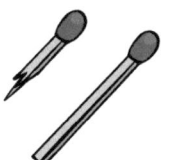

court / long
kort / lång

lent / rapide
långsam / snabb

mouillé / sec
våt / torr

chaud / froid
varm / sval

la guerre / la paix
krig / fred

les oppositions - motsatser

0

zéro

noll

1

un / une

ett

2

deux

två

3

trois

tre

4

quatre

fyra

5

cinq

fem

6

six

sex

7

sept

sju

8

huit

átta

9

neuf

nio

10

dix

tio

11

onze

elva

12

douze

tolv

13

treize

tretton

14

quatorze

fjorton

15

quinze

femton

16

seize

sexton

17

dix-sept

sjutton

18

dix-huit

arton

19

dix-neuf

nitton

20

vingt

tjugo

100

cent

hundra

1.000

mille

tusen

1.000.000

le million

miljon

les nombres - siffror

les langues

språk

l'anglais

engelska

l'anglais américain

amerikansk engelska

le chinois mandarin

kinesisk mandarin

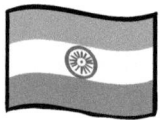

le hindi

hindi

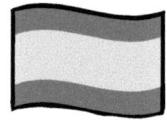

l'espagnol

spanska

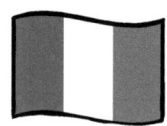

le français

franska

l'arabe

arabiska

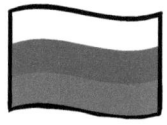

le russe

ryska

le portugais

portugisiska

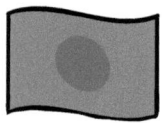

le bengali

bengali

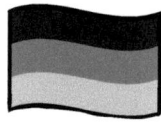

l'allemand

tyska

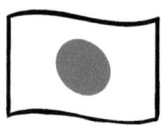

le japonais

japanska

je

jag

tu

du

il / elle / ce, c', cela

han / hon / den (det)

nous

vi

vous

ni

ils / elles

de

Qui ?

vem?

Quoi ?

vad?

Comment ?

hur?

Où ?

var?

Quand ?

när?

le nom

namn

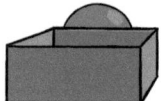

derrière

bakom

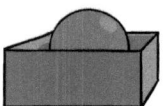

dans

i

devant

framför

au-dessus

över

sur

på

en-dessous

under

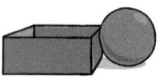

à côté de

bredvid

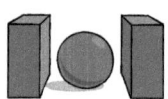

entre

mellan

le lieu

plats